「味つけ冷凍」の作りおき

藤井 恵

文化出版局

我が家の作りおきは、「味つけ冷凍」です

忙しくて買い物に行けない日や、疲れて帰った日のご飯、どうしていますか？ 我が家では肉や魚に調味料をもみ込んで味つけし、冷凍した「味つけ冷凍」が大活躍しています。

常備菜も便利ですが、何日も冷蔵庫で保存しながら食べると、どうしても味が落ちますし、何度も同じおかずが続くと家族が箸をつけなくなって、結局無駄にした経験など、多々あります。

とはいえ、肉や魚をそのまま冷凍すると、解凍したり、調理したりというプロセスがストレスになります。

試行錯誤の末、味つけ冷凍に落ち着きました。

味つけ冷凍のいいところ

1 下ごしらえが簡単

ジッパーつきポリ袋に調味料、素材(肉や魚)を入れ、よくもみ混ぜて冷凍するだけ。

2 解凍不要。冷凍のままで調理

味つけ冷凍は解凍不要です。凍ったまま煮る、焼く、蒸す、揚げる、炒めるなどの調理ができ、いろいろな料理にアレンジできます。

3 味つけいらず

「味つけ冷凍」は作りおきであると同時に「料理のもと」になります。しっかり味つけがしてあるので、調理の際は再度味つけする必要はありません。

4 冷凍庫で1か月もつ

冷蔵の作りおきおかずは、保存期間は長くても1週間。でも冷凍なら約1か月保存可能。忙しくて買い物に行けない人には大助かりです。

5 冷凍でおいしくなる

冷凍すると食品の細胞膜が壊されることで、調味料がよくしみ込みます。さらに肉や魚の余分な水分が抜け、うまみが増します。また、調味料によっては肉質がやわらかくなります。

6 アレンジがきいて飽きない

この本では、おすすめの味つけと素材を組み合わせてご紹介していますが、実はルールはありません。組合せは自由自在の無限大！ だから飽きることなく毎日楽しめます。

CONTENTS

味つけ冷凍は3ステップ。とっても簡単です 4
味つけ冷凍は凍ったまま加熱するだけです 6

鶏肉で、味つけ冷凍

鶏むね肉の味つけ冷凍　コンソメ味 8
チキンソテー 9
フライドチキン 10
炊込みピラフ 10
ポトフー 11

鶏もも肉の味つけ冷凍　タンドリー味 12
タンドリーチキン 13
鶏ハム風 14
カレー味鶏ハムのサンドイッチ 14
鶏とじゃがいも、グリーンピースのカレー煮 15

鶏手羽先の味つけ冷凍　照焼き味 16
鶏手羽先の香味揚げ 17
鶏手羽先の照焼き 18
手羽先と大豆の煮物 19

ひき肉で、味つけ冷凍

豚ひき肉の味つけ冷凍　酒塩味 20
ひき肉のもやし炒め 21
ひき肉納豆のレタス包み 22
ブロッコリーとひき肉の蒸焼き 23
グリーンピースの塩そぼろ丼 23

豚ひき肉の味つけ冷凍　麻婆味 24
麻婆豆腐 25
里芋とひき肉の中国風煮 26
キャベツとひき肉のピリ辛レンジ蒸し 27
ピリ辛焼きそば 27

合いびき肉の味つけ冷凍　ハンバーグ味 28
角切りハンバーグ 29
メンチカツ 30
じゃがいもとひき肉のグラタン 31
じゃがいもとひき肉のいり煮 31

豚肉で、味つけ冷凍

豚薄切り肉の味つけ冷凍　しょうが焼き味 32
豚のしょうが焼き 33
ごぼうと豚肉の炒め煮 34
長芋と豚肉のレンジ蒸し 35
豚丼 35

豚薄切り肉の味つけ冷凍　ポークケチャップ味 36
豚肉のチーズグラタン風 37
ラタトゥイユ風煮物 38
スパゲッティ・ナポリタン 39
アスパラ、きのこ、豚肉のケチャップ炒め 39

豚とんかつ用肉の味つけ冷凍　みそヨーグルト味 40
みそ味一口とんかつ 41
根菜たっぷり豚みそスープ 41
トマトとキャベツ、豚肉の蒸し煮 42

牛肉で、味つけ冷凍

牛切落し肉の味つけ冷凍　焼き肉味 43
きのこと牛肉のレンジ蒸し 44
プルコギ 45
牛肉とわかめのおかずスープ 45
炒めビーフン 46

牛切落し肉の味つけ冷凍　コチュジャン味 47
ピビンパ 48
豆腐と牛肉のチゲ 48
なすと牛肉の炒め物 49
牛肉のピカタ 49

牛切落し肉の味つけ冷凍　赤ワイン味 50
牛肉のガーリック薄切りステーキ 51
アスパラ、コーン、牛肉の炒め物 52
牛肉とかぼちゃ、トマトの洋風煮 52

切り身魚で、味つけ冷凍

切り身魚の味つけ冷凍　白ワインハーブ味 53
魚とトマトのスープ 54
カリフラワーとたらのチーズグラタン 55
たらとじゃがいもの煮物 55

切り身魚の味つけ冷凍　粕みそ味 56
鮭チャーハン 57
魚と根菜の粕みそ汁 57
キャベツと玉ねぎと魚のバター蒸し煮 57
野菜たっぷり魚のソテー 57

切り身魚の味つけ冷凍　エスニック味 60
魚のエスニックソテー 61
タイ風のっけご飯 61
さばのエスニックから揚げ 61
もやしと魚の炒め物 61

「切るだけそのまま冷凍」でストックできる！ 64

長芋　蓮根　ごぼう　かぼちゃ　にんじん
里芋　いちご　トマト　パプリカ　きのこ
バナナ　キャベツ　油揚げ　あさり、しじみ
明太子　ソーセージ　さしみ（かつお）
しょうが　レモン　万能ねぎ　パセリ　わさび

蓮根のスープ 68
きんぴら 68
かぼちゃのココナッツスープ 68
里芋とひき肉の煮っころがし 68
トマトのサルサ風スープサラダ 69
きのこの当座煮 69
野菜とバナナのスムージー 69
キャベツとソーセージのさっと煮 69

味つけ冷凍は3ステップ。
とっても簡単です

① 袋に入れる → ② もみ込む → ③ 冷凍する、と作り方はいたってシンプル。特別な決りもなく、組合せは無限大です。

材料

肉や魚
鶏むね肉 ▶page8
鶏もも肉 ▶page12
鶏手羽先 ▶page16
豚ひき肉 ▶page20・24
合いびき肉 ▶page28
豚薄切り肉 ▶page32・36
豚とんかつ用肉 ▶page40
牛切落し肉 ▶page43・47・50
たら ▶page53
鮭 ▶page56
さば ▶page60

味つけ用調味料(15種類)
コンソメ味 ▶page8
タンドリー味 ▶page12
照焼き味 ▶page16
酒塩味 ▶page20
麻婆味 ▶page24
ハンバーグ味 ▶page28
しょうが焼き味 ▶page32
ポークケチャップ味 ▶page36
みそヨーグルト味 ▶page40
焼き肉味 ▶page43
コチュジャン味 ▶page47
赤ワイン味 ▶page50
白ワインハーブ味 ▶page53
粕みそ味 ▶page56
エスニック味 ▶page60

POINT

鶏肉、豚とんかつ用肉、切り身魚など厚みのあるものは、大きめの一口大のそぎ切りに。切ることで解凍不要で調理ができます。

① 材料を袋に入れる

味つけ用調味料を入れる → 一度もみ混ぜる → 素材(肉や魚)を入れる、の順に作業します。

POINT

まず、味つけ用の調味料を入れます。最初に素材(肉や魚)を入れないように注意。

調味料を入れたら、しっかり混ざるよう、袋ごとよくもみます。

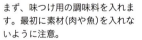

★ポリ袋は、冷凍保存用のジッパーつきポリ袋を使ってください。
袋の大きさは、この本の表記(2人分)で、
縦約20×横約18cmがぴったりのサイズです。

この本のレシピの決り
* 大さじ＝15ml、小さじ＝5ml、1カップ＝200mlです。
* 火加減は、特に明記がない場合は中火です。
* 電子レンジの加熱時間は600Wで算出しています。
　500Wの場合はその1.2倍、700Wの場合は0.8倍で加減してください。
* オーブンやオーブントースターはメーカーやその設置場所で加熱時間が異なる場合があります。
　お手持ちの器具で様子を見ながら調節してください。

② よくもむ

袋ごとよくもみ混ぜます。
調味料を素材にまんべんなくからませましょう。

③ 冷凍する

均一に凍るよう、平らにならし、
空気を抜いて口を閉じ、冷凍します。
冷凍保存期間は約1か月です。

POINT

袋の中で混ぜるやり方のほか、あらかじめボウルで混ぜてからジッパーつきポリ袋に移す方法もあります。ひき肉の場合は、ボウルで混ぜてから移したほうが均一に混ざりやすいです。

POINT

中身がこぼれないよう、袋の口を⅔ほど閉めてから台の上に置き、袋の底側から口側に向かって平らにならしていくと、同時に余分な空気も抜けます。最後に口を完全に閉めます。

金属製のバットなどにのせて冷凍すると、平らなシート状に凍るだけでなく、緩慢冷凍を防ぐ効果もあります。

味つけ冷凍は凍ったまま
加熱するだけです

① 凍ったまま割る、ほぐす、切る → ② 鍋やフライパンに入れる → ③ 加熱する、で完成。
あとから調味料を加える必要はありません。

① 凍ったまま割る、ほぐす、切る

ひき肉も薄切り肉も
切り身魚も
みんな味つけ冷凍

ひき肉や薄切り肉の味つけ冷凍は、
薄いシート状なので、凍っていても好きな大きさに
割ったり、ちぎったりできます。

切り身魚や鶏肉の場合は、ポリ袋ごと流水で表面だけ解かせば、簡単に1切れずつにほぐれます。

厚めに冷凍したひき肉は、凍ったまま包丁で切ることができます。

② 凍ったまま入れる

凍ったかたまりのまま、熱したフライパンへ入れ、ジャーっと炒めはじめましょう。

切り身魚も凍ったまま1切れずつ、皮目からフライパンへ。

鍋に野菜、凍ったまま適当な大きさに割った肉の順に入れて。

凍ったまま衣がつけられます。

③ 加熱する

片面に焼き色がついてまわりが解けてきたら、木べらでほぐして炒めます。

中火で普通に焼けばOK。

水を注いでグツグツ煮るだけ。

中温の油でじっくり揚げて。

鶏肉で、味つけ冷凍

味つけ冷凍にいちばん向くのが鶏肉です。鶏肉は生のまま冷凍すると、解凍の際にドリップが出やすく、調理するとどうしても身がぱさつきがち。でも味つけ冷凍したものは、煮ても焼いてもレンジでチンでも、身がやわらかくしっとりでき上がります。

鶏むね肉の味つけ冷凍 コンソメ味

ちょっと洋風料理を作りたいというときに重宝する味つけ冷凍です。
くせがないので子どもからご年配の方にも喜んでいただけるはず。
主菜はもちろん、ご飯メニューにも合う万能味。

材料（1パック・約2人分）
鶏むね肉　小2枚
コンソメ味の調味料
　玉ねぎ（すりおろし）　大さじ2
　白ワイン　大さじ1
　コンソメスープのもと（顆粒）
　　小さじ1
　塩　小さじ1/2

作り方
① 鶏むね肉は4〜5等分のそぎ切りにする。
② 4ページを参照して、ジッパーつきポリ袋に、コンソメ味の調味料を入れて袋ごとよくもみ混ぜ、①の肉を入れて袋ごとよくもんで味をなじませ、平らにして口を閉じる。
③ 5ページを参照して冷凍する。

鶏むね肉、もも肉はそぎ切りの薄めにスライスして味つけ冷凍を。凍るのも、解けるのも早く、時短調理が可能になる。

鶏手羽の場合は、骨にそって2本ほど切込みを入れて味つけ冷凍。味がしっかりしみる。

 保存期間は冷凍庫で約1か月。平らな状態にすると、冷凍する際も解凍も早い。

フライパンで焼く

片面に焼き色がつき、全体に解けてやわらかくなったらひっくり返して。焦げやすいので注意して。

チキンソテー

味つけ冷凍は解凍不要。
袋ごと流水でさっと表面を解かせば、肉がほぐれます。
凍ったまま焼けばでき上がる
超時短おかず。お弁当にも便利。

材料（2人分）
鶏むね肉の味つけ冷凍コンソメ味
　▶page8　1パック
油　小さじ1
ベビーリーフ　適量

作り方
① 鶏むね肉味つけ冷凍は、袋のまま流水にあてて表面を解かし、袋ごと軽くもんで、1切れずつにほぐす。
② フライパンに油を熱し、肉を並べ入れ、ふたをして中火で約5分焼く。焼き色がついたらひっくり返し、ふたをはずして4〜5分焼いて火を通す。
③ 皿に盛って、ベビーリーフを添える。

フライドチキン

肉は凍ったままで粉をつけてOK。調理の際は、中温の油に入れて少し時間をかけて揚げるのがコツ。

材料（2人分）
鶏むね肉の味つけ冷凍コンソメ味 ▶page8　1パック
小麦粉　適量
揚げ油　適量
好みの葉野菜（香菜、クレソンなど）　適量

作り方
① 鶏むね肉味つけ冷凍は、袋のまま流水にあてて表面を解かし、袋ごと軽くもんで、1切れずつにほぐす。
② 袋から取り出し、肉の両面に小麦粉をまぶす。
③ 揚げ油を中温（170℃）に熱し、②を入れ、7～8分かけて中火でこんがりするまで揚げる。好みの葉野菜とともに器に盛る。

粉は表面が白くなるくらい、しっかりとまぶして。

炊込みピラフ

洗って水加減をした米の上に、野菜、凍った肉をのせて炊くだけ。ご飯によく味がしみておいしい！

材料（作りやすい分量）
鶏むね肉の味つけ冷凍コンソメ味 ▶page8　1パック
米　2合（360㎖）
水　340㎖
にんじん　1/3本
マッシュルーム　1パック
バター　20g
パセリ（みじん切り）　少々

作り方
① 米は洗い、水気をきって炊飯釜に入れ、分量の水を加えて30分浸す。
② 鶏むね肉味つけ冷凍は冷凍庫から出し、野菜の準備ができるまで室温におく。
③ にんじんは皮をむいてみじん切り、マッシュルームは石づきを除いて薄切りにする。
④ ①に③の野菜、②の肉を大きく割ってのせ、普通に炊く。炊き上がったらバターを加えて全体に混ぜ、器に盛ってパセリをふる。

煮る

肉は鍋に入る大きさに割って入れ、野菜を加えて水を注ぎ、あとは煮るだけ。

ポトフー

冷凍することで肉の繊維が壊れてうまみがスープに溶け出し、
だしのきいた極上スープに。
野菜もおいしくたくさん食べられます。

材料(2人分)
鶏むね肉の味つけ冷凍コンソメ味
　▶page8　1パック
じゃがいも　小2個
にんじん　1本
ブロッコリー　1/2個
水　2カップ
粒マスタード　適量

作り方
① 鶏むね肉味つけ冷凍は冷凍庫から出し、野菜の準備ができるまで室温におく。
② じゃがいもは皮をむいて丸ごと、にんじんは皮をむいて縦半分にして食べやすく切る。ブロッコリーは小房に分ける。
③ 鍋に①の肉を大きく割って入れ、じゃがいも、にんじん、分量の水を入れて火にかける。煮立ったら中火で10～15分煮る。
④ ブロッコリーを加えて1～2分煮て器に盛り、好みで粒マスタードを添える。

鶏肉で、味つけ冷凍

鶏もも肉の味つけ冷凍 タンドリー味

人気インド料理タンドリーチキン風のカレー味です。
味つけに加えたマヨネーズの油のおかげで、焼いても煮ても、
肉がびっくりするほどやわらかく仕上がります。

材料（1パック・約2人分）
鶏もも肉　大1枚
タンドリー味の調味料
　マヨネーズ　大さじ2
　トマトケチャップ　大さじ1
　白ワインまたは酒　大さじ1
　カレー粉　小さじ2
　しょうが（すりおろし）　小さじ1
　にんにく（すりおろし）　小さじ1
　しょうゆ　小さじ1
　塩　小さじ1/2

作り方
① 鶏もも肉は4〜5等分のそぎ切りにする。
② 4ページを参照して、ジッパーつきポリ袋に、タンドリー味の調味料を入れて袋ごとよくもみ混ぜ、①の肉を入れて袋ごとよくもんで味をなじませ、平らにして口を閉じる。
③ 5ページを参照して冷凍する。

 保存期間は冷凍庫で約1か月。平らな状態にすると、冷凍する際も解凍も早い。

オーブンで焼く

解凍は不要。
冷凍のまま焼いたほうが
ドリップも出ず
おいしくでき上がります。

タンドリーチキン

凍ったまま天板に並べ、
オーブンで焼くだけで本格派インド料理に。
簡単で見栄えがして冷めてもおいしいので、
持寄りパーティにもおすすめ。

材料（2人分）
鶏もも肉の味つけ冷凍タンドリー味
　▶page12　1パック
クレソンなど　適量

作り方
① 鶏もも肉味つけ冷凍は、袋のまま流水にあてて表面を解かし、袋ごと軽くもんで、1切れずつにほぐす。
② 天板にオーブンシートを敷き、肉を並べ、200℃に熱したオーブンで約20分、こんがり焼き色がつくまで焼く。
③ 皿に盛り、クレソンを添える。

鶏ハム風

凍ったままレンジでチンするだけで、
コンビニで人気の鶏ハムのように。
鶏肉ならどの味つけでもおいしくできます。
サラダのトッピングにぴったり！

材料（2人分）
鶏もも肉の味つけ冷凍タンドリー味
　▶page12　1パック
サニーレタス　4枚
ミニトマト　6個
レモン　1/4個

作り方
① 鶏もも肉味つけ冷凍は袋から出して耐熱皿にのせ、ラップをかけ、電子レンジ600Wで8分加熱する。
② ①を粗熱が取れるまでそのままおき、食べやすく切る。
③ 器にちぎったサニーレタス、半分に切ったミニトマトを盛り、②をのせ、レモンを添える。

レンジ加熱後。汁につかった状態で、冷蔵庫で3日ほど保存がきく。

カレー味鶏ハムのサンドイッチ

上の料理のアレンジバージョン！
カレー味鶏ハムにはにんじんやクレソンなど少しくせのある野菜がよく合います。

材料（2人分）
鶏もも肉の味つけ冷凍タンドリー味
　▶page12　1/2パック
食パン（8枚切り）　4枚
にんじん　1/2本
クレソン　6本
バター　適量

作り方
① 鶏もも肉味つけ冷凍は袋から出して耐熱皿にのせ、ラップをかけ、電子レンジ600Wで8分加熱する。粗熱が取れるまでそのままおき、食べやすく切る。
② にんじんは皮をむいてせん切りにし、電子レンジ600Wで30秒加熱し、水気を絞る。
③ 食パンの片面にバターをぬり、にんじん、クレソン、①をのせてはさみ、ラップで包んで少しおいて形を落ち着かせ、半分に切る。

鶏とじゃがいも、グリーンピースのカレー煮

材料を全部鍋に入れて15分煮るだけ。
短い煮込み時間にもかかわらず、肉のだしや調味料がじゃがいもによくしみます。

材料（2人分）
鶏もも肉の味つけ冷凍タンドリー味
　▶page12　1パック
じゃがいも　1個
グリーンピース　1カップ
水　1カップ

作り方
① じゃがいもは皮をむき、2cm角に切ってさっと洗う。
② 鶏もも肉味つけ冷凍は、袋のまま流水にあてて表面を解かし、袋ごと軽くもんで、適当な大きさにほぐす。
③ 鍋に②、①、グリーンピース、分量の水を入れて火にかけ、煮立ったらふたをして中火で約15分、ときどき混ぜながら水気がなくなるまで煮る。

煮物のときは入れる順番が大切。肉はいちばん下になるように入れ、上に野菜を重ねて。

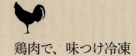

鶏肉で、味つけ冷凍

鶏手羽先の味つけ冷凍 照焼き味

和風の甘辛味です。ここでは鶏手羽を使いましたが、
鶏ももや合いびき肉、鮭の切り身などにも合う、活用度が高い味つけです。
砂糖やみりんを使うため、調理する際は少々焦げやすいので注意を。

材料（1パック・約2人分）
鶏手羽先　6本
照焼き味の調味料
　しょうゆ　大さじ1⅓
　酒　大さじ1⅓
　砂糖　大さじ½
　みりん　大さじ½

作り方
① 鶏手羽先は、味がしみ込みやすいよう、裏側（皮と反対側）に、骨にそって切れ目を入れる。
② 4ページを参照して、ジッパーつきポリ袋に、照焼き味の調味料を入れて袋ごとよくもみ混ぜ、①の肉を入れて袋ごとよくもんで味をなじませ、平らにして口を閉じる。
③ 5ページを参照して冷凍する。

 保存期間は冷凍庫で約1か月。平らな状態にすると、冷凍する際も解凍も早い。

揚げる

凍ったままで揚げるため、油の温度が下がりやすい。火加減には注意して。

鶏手羽先の香味揚げ

時間をかけてゆっくり揚げた鶏手羽は、皮がパリパリで香ばしい!
ねぎやしょうがなどたっぷりの香り野菜と一緒に。

材料(作りやすい分量)

鶏手羽先の味つけ冷凍照焼き味
▶page16　1パック

小麦粉　適量
揚げ油　適量
A　万能ねぎ(斜め薄切り)　2本分
　　しょうが(みじん切り)　1かけ分
　　酢　大さじ½

作り方

① 鶏手羽先味つけ冷凍は、袋のまま流水にあてて表面を解かし、袋ごと軽くもんで、1本ずつにほぐす。
② ①の両面に小麦粉をしっかりまぶし、中温(170℃)に熱した揚げ油に入れ、7〜8分かけてきつね色に揚げる。
③ 油をきって器に盛り、Aを混ぜたものをかける。

オーブンで焼く

ある程度焼き色がついたら、残った漬け汁をぬるのがコツ。焼き色がしっかりつき、風味も香ばしくなります。

鶏手羽先の照焼き

凍ったままオーブンでこんがり焼くだけ。
オーブンの代りに、
魚焼きグリルに入れて
弱火で10〜15分焼いてもできます。

材料（作りやすい分量）
鶏手羽先の味つけ冷凍照焼き味
　▶page16　1パック
粉山椒　少々

作り方
① 鶏手羽先味つけ冷凍は、袋のまま流水にあてて表面を解かし、袋ごと軽くもんで、1本ずつにほぐす。袋に残った漬け汁はとっておく。
② 天板にオーブンシートを敷き、①の手羽を並べ、220℃に熱したオーブンで10〜15分焼き、一度取り出して①の漬け汁をぬり、さらに5〜10分焼く。
③ 器に盛り、粉山椒をふる。

煮る

鍋に材料を全部入れて煮るだけ。味つけ冷凍が調味料代わりになると同時にいいだしが出ます。

手羽先と大豆の煮物

味つけ冷凍肉を使って煮ると、
何時間も煮込んだような味わいになります。
大豆のほか、ごぼうや蓮根など
根菜類もおいしい。

材料（2人分）
鶏手羽先の味つけ冷凍照焼き味
　▶page16　1パック
大豆水煮（缶詰など）　1缶
長ねぎ　1本
しょうが　1かけ
水　1カップ

作り方
① 長ねぎは5cm長さに切る。しょうがは薄切りにする。
② 鶏手羽先味つけ冷凍は、袋のまま流水にあてて表面を解かし、袋ごと軽くもんで、1本ずつにほぐす。
③ 鍋に大豆水煮、①、②、分量の水を入れて火にかけ、煮立ったらふたをして中火で15～20分、ときどき混ぜながら水気がほとんどなくなるまで煮る。

ひき肉で、味つけ冷凍

味つけ冷凍でいちばん応用がきいて便利なのがひき肉です。薄いシート状に凍ったひき肉はほかの肉よりも凍ったまま割りやすく、ほしい分だけちょこっとという使い方も可能。また、厚みをつけて冷凍すれば、ハンバーグやメンチカツなどのボリュームおかずにもなります。

豚ひき肉の味つけ冷凍　酒塩味

調味料がいちばんシンプルな味つけ冷凍です。
ここではひき肉ですが、どんな素材でも合います。
しょうがで風味をつけてあるので、和風や中国風のメニューとの相性はばっちり！

材料（1パック・約2人分）
豚ひき肉　200g
酒塩味の調味料
　酒　大さじ1
　しょうが（すりおろし）　大さじ1
　片栗粉　小さじ1
　塩　小さじ¾

作り方
① 4ページを参照して、ジッパーつきポリ袋に、酒塩味の調味料を入れて袋ごとよくもみ混ぜ、ひき肉を入れて袋ごとよくもんで味をなじませ（または、ボウルで材料を全部混ぜてから袋に入れる）、平らにして口を閉じる。
② 5ページを参照して冷凍する。

ひき肉はできれば、ボウルで一度よく混ぜてから袋に入れるほうがおすすめ。調味料がむらにならずに均一によく混ざる。

薄いシート状にのばさず、袋の半分の大きさにのばして厚みをつけて冷凍すると、ハンバーグなどボリュームがほしい料理に使える。

 保存期間は冷凍庫で約1か月。炒め物や煮物には、薄いシート状が扱いやすい。

蒸して炒める

肉の上に大量のもやしをのせ、水少量をふってふたをしてまず蒸焼きにします。

ひき肉のもやし炒め

フライパンに凍ったままのひき肉を広げ、もやしをのせて蒸焼きに。
もやしの水分で肉がふっくら、肉のだしでもやしのうまみが増します。

材料（2人分）
豚ひき肉の味つけ冷凍酒塩味
　▶page20　1パック
もやし　1袋
水　大さじ2
万能ねぎ（小口切り）　少々

作り方
① 豚ひき肉味つけ冷凍は、袋ごと軽く折り曲げて肉を適当な大きさに割る。
② フライパンに①の肉を入れ、もやしをのせ、分量の水を加えてふたをし、中火で約10分蒸焼きにする。
③ 肉に火が通ったら、肉をほぐしながらもやしと炒め合わせる。器に盛り、万能ねぎをのせる。

ポリ袋一杯に薄くのばした味つけ冷凍は、凍ったまま袋ごと折り曲げると、簡単に割ることができます。

ひき肉納豆の
レタス包み

ひき肉の味つけ冷凍は
焼き色がつくまで焼いて、細かくほぐし、
納豆と炒め合わせます。
納豆くささが消えるので食べやすいです。

材料（2人分）
豚ひき肉の味つけ冷凍酒塩味
　▶page20　1パック
納豆　1パック
長ねぎ（粗みじん切り）　1/2本分
レタス　1/2個

作り方
① 豚ひき肉味つけ冷凍は、袋ごと軽く折り曲げて肉を適当な大きさに割る。
② フライパンに①の肉を入れて強火で焼く。焼き色がついたらひっくり返し、ほぐしながら炒める。
③ ②に納豆、長ねぎを加えて炒め合わせる。
④ 器に③、レタスを盛り、肉をレタスで包んで食べる。好みで粗びき赤とうがらしをふっても。

ブロッコリーとひき肉の蒸焼き

ひき肉はあえてほぐさず、
ブロッコリーのごろごろ感と合わせて、
かたまりの肉のような形で炒め物にしました。

材料（2人分）
豚ひき肉の味つけ冷凍酒塩味 ▶page20　1パック
ブロッコリー　1個

作り方
① ブロッコリーは小房に切り分ける。豚ひき肉味つけ冷凍は、袋ごと軽く折り曲げて肉を適当な大きさに割る。
② フライパンに①の肉を入れて強火で焼く。焼き色がついてきたらひっくり返し、ブロッコリーをのせてふたをし、中火で2分蒸焼きにし、ざっくり混ぜて器に盛る。

グリーンピースの塩そぼろ丼

塩そぼろはお弁当にもおすすめのメニュー。
味つけ冷凍は割って使えるので、
子どものお弁当のような少量使いにも便利です。

材料（2人分）
豚ひき肉の味つけ冷凍酒塩味 ▶page20　1パック
グリーンピース（生または冷凍）　½カップ
水　大さじ2
ご飯　茶碗2杯分

作り方
① 豚ひき肉味つけ冷凍は、袋ごと軽く折り曲げて肉を適当な大きさに割る。
② 鍋に①の肉を入れて中火にかけ、分量の水を加えてよくかき混ぜながら肉を粗くほぐす。グリーンピースを加えてふたをし、3分ほど蒸し煮にしたらふたをはずし、水分を飛ばしながら混ぜ合わせる。
③ 器にご飯を盛り、②をのせる。

そぼろを作るときは、味つけ冷凍に水少量を加えて、箸でかき混ぜるのが、ふんわりしたそぼろに仕上げるコツ。

ひき肉で、味つけ冷凍

豚ひき肉の味つけ冷凍 麻婆味

ピリ辛の中国風の味つけです。
辛みは豆板醤の量で調節できるので、お好みで加減してください。
麻婆豆腐はもちろん、野菜の炒め物に使うと白いご飯に合うパンチのきいたおかずができます。

材料(1パック・約2人分)
豚ひき肉　200g
麻婆味の調味料
　長ねぎ(みじん切り)　大さじ2
　みそ　大さじ1
　酒　大さじ1
　しょうが(みじん切り)　大さじ1
　しょうゆ　大さじ½
　にんにく(みじん切り)　大さじ½
　片栗粉　小さじ1
　砂糖　小さじ1
　豆板醤　小さじ½

作り方
① 4ページを参照して、ジッパーつきポリ袋に、麻婆味の調味料を入れて袋ごとよくもみ混ぜ、ひき肉を入れて袋ごとよくもんで味をなじませ(または、ボウルで材料を全部混ぜてから袋に入れる)、平らにして口を閉じる。
② 5ページを参照して冷凍する。

 保存期間は冷凍庫で約1か月。平らな状態にすると、冷凍する際も解凍も早い。

焼いてほぐす

ひき肉の味つけ冷凍を凍ったまま割ってフライパンへ。焼き目がついて肉が解けてきたら返して、木べらでほぐして炒めます。

麻婆豆腐

麻婆味のひき肉の冷凍があれば、あとは豆腐さえあれば本格派の中国料理が完成。おもてなしにも使えます。

材料（2人分）
豚ひき肉の味つけ冷凍麻婆味
　▶page24　1パック
木綿豆腐　1丁
粉山椒　少々

作り方
① 木綿豆腐はペーパータオルに包んで水気をきり、2cm角に切る。豚ひき肉味つけ冷凍は、袋ごと軽く折り曲げて肉を適当な大きさに割る。
② フライパンに①の肉を入れて強火で焼く。焼き色がついたらひっくり返し、細かくほぐしながら炒める。
③ ②に①の豆腐を加え、ときどき混ぜながら水気をとばすように炒め煮にする。仕上げに粉山椒をふる。

煮る

鍋には里芋、味つけ冷凍の順に入れて。

里芋とひき肉の中国風煮

鍋に凍ったままの味つけ冷凍、里芋、水を入れて煮るだけ。里芋の代りにじゃがいも、なすでもおいしい。

材料（2人分）
豚ひき肉の味つけ冷凍麻婆味
　▶page24　1パック
里芋　5個（正味300g）
せり　½束
水　1カップ

作り方
① 里芋は皮をむき、大きいものは半分に切る。せりは葉を摘み、茎は3cm長さに切る。豚ひき肉味つけ冷凍は、袋ごと軽く折り曲げて肉を適当な大きさに割る。
② 鍋に里芋、分量の水、①の肉の順に入れ、ふたをして火にかける。煮立ったら中火で約15分、水気がほとんどなくなるまで煮る。
③ 器に盛り、せりをのせる。

キャベツとひき肉の
ピリ辛レンジ蒸し

切ったキャベツの上に、味つけ冷凍をのせてレンジでチンで完成。
疲れて帰った日でもこれならできそうです。

材料（2人分）
豚ひき肉の味つけ冷凍麻婆味 ▶page24　1パック
キャベツ　300g
ごま油　小さじ1

作り方
① キャベツは大きめの一口大に切る。豚ひき肉味つけ冷凍は、袋ごと軽く折り曲げて肉を適当な大きさに割る。
② 耐熱皿に①のキャベツ、肉の順にのせ、ラップをして電子レンジ600Wで5分加熱する。
③ ラップをはずしてごま油を回しかけ、全体に混ぜて器に盛る。

ピリ辛焼きそば

ひき肉の味つけ冷凍は、少量の水でまず蒸焼きにしてから、
ほぐしながら炒めるのがコツです。

材料（2人分）
豚ひき肉の味つけ冷凍麻婆味 ▶page24　1パック
中華蒸しめん　2玉
もやし　1袋
にら　1束
水　大さじ2

作り方
① にらは3cm長さに切る。豚ひき肉味つけ冷凍は、袋ごと軽く折り曲げて肉を適当な大きさに割る。
② フライパンに①の肉、分量の水を入れ、ふたをして蒸焼きにする。肉がやわらかくなったら、ほぐしながら焼き色がつくまで炒める。
③ ②に蒸しめんをほぐして加え混ぜ、もやし、にらも加えて炒め合わせる。

ひき肉で、味つけ冷凍

合いびき肉の味つけ冷凍 ハンバーグ味

ケチャップ、玉ねぎ、ソースをベースにした洋食屋さん風ハンバーグの味つけです。
冷凍するときに、薄くのばすか厚みをつけるかによって、料理の用途を変えることができます。

材料(1パック・約2人分)
合いびき肉　200g
ハンバーグ味の調味料
　トマトケチャップ　大さじ2
　玉ねぎ(すりおろし)　大さじ2
　中濃ソース　大さじ1
　オイスターソース　大さじ½
　小麦粉　大さじ½
　しょうゆ　小さじ1
　にんにく(すりおろし)　小さじ½

作り方
① 4ページを参照して、ジッパーつきポリ袋に、ハンバーグ味の調味料を入れて袋ごとよくもみ混ぜ、ひき肉を入れて袋ごとよくもんで味をなじませ(または、ボウルで材料を全部混ぜてから袋に入れる)、平らにして口を閉じる。
② 5ページを参照して冷凍する。

　保存期間は冷凍庫で約1か月。
ポリ袋全面にのばした薄いシート状の冷凍は炒め物や煮物向き。

ポリ袋半分にのばして厚みをつけた冷凍。ハンバーグやメンチカツに。

フライパンで焼く
片面に焼き色がついて、まわりが解けてきたらひっくり返して。

角切りハンバーグ

厚みをつけて冷凍したものを
切って使います。
凍ったままフライパンに入れても、
焼いているうちに解けるので、
生焼けになる心配はありません。

材料（2人分）
合いびき肉の味つけ冷凍ハンバーグ味
　▶page28　1パック
　（厚みをつけて冷凍したもの）
アスパラガス　1束
パプリカ（赤）　1個
油　小さじ1

作り方
① アスパラガスは根元のかたい皮をむき、長さを2～3等分に切る。パプリカは縦半分に切ってへたと種を除き、横1cm幅に切る。
② 合いびき肉味つけ冷凍は4等分に切り、油を熱したフライパンに入れ、強めの中火で焼く。
③ こんがり焼き色がついたらひっくり返して中火にし、①の野菜も加え、ふたをして肉に火が通るまで蒸し焼きにする。器に盛り合わせる。

揚げる

解凍しないので、少し時間をかけてゆっくり揚げること。

メンチカツ

解凍せずに棒状に切り、
衣をつけて揚げます。
しっかり味がついているので
ソースなしで食べられ、お弁当に最適。

材料(2人分)
合いびき肉の味つけ冷凍ハンバーグ味
　▶page28　1パック
　（厚みをつけて冷凍したもの）
小麦粉　適量
とき卵　½個分
パン粉　適量
揚げ油　適量
キャベツ　150g

作り方
① 合いびき肉味つけ冷凍は、約3cm幅の棒状に切り、粉、卵を2度づけし、パン粉をつける。
② 揚げ油を中温(170℃)に熱し、①を入れ、6〜7分かけてきつね色になるまで揚げる。
③ キャベツはせん切りにして器にのせ、②を盛る。

厚みをつけて冷凍したひき肉の味つけ冷凍を使用。棒状に切って。

じゃがいもとひき肉のグラタン

ほっくりじゃがいもに熱々のミートソース&チーズ。
ゆでたショートパスタで作ってもおいしい!

材料(2人分)
合いびき肉の味つけ冷凍ハンバーグ味 ▶page28　1パック
じゃがいも(男爵)　大2個
生クリーム　100ml
ピザ用チーズ　40g

作り方
① じゃがいもは皮をむき、ラップに包んで、電子レンジ600Wで5分加熱し、粗熱が取れたら一口大に切る。
② 合いびき肉味つけ冷凍は、袋ごと軽く折り曲げて肉を適当な大きさに割る。
③ 耐熱皿に①のいも、②の肉を順にのせ、生クリームを回しかけ、ピザ用チーズを散らす。220℃に熱したオーブンで10〜15分、表面がこんがりとするまで焼く。

じゃがいもは火が通りにくいのでレンジで加熱してから。味つけ冷凍は解凍せずにのせてOK。

じゃがいもとひき肉のいり煮

ハンバーグ味の味つけ冷凍といも類は相性抜群です。
さつまいも、山芋でも同様にできます。

材料(2人分)
合いびき肉の味つけ冷凍ハンバーグ味 ▶page28　1パック
じゃがいも　大2個
水　大さじ3
粗びき黒こしょう　少々

作り方
① じゃがいもは皮をむき、一口大に切る。合いびき肉味つけ冷凍は、袋ごと軽く折り曲げて肉を適当な大きさに割る。
② 鍋に①の肉、分量の水を入れて中火にかけ、箸でかき混ぜながらいる。
③ 肉がほぐれてきたら①のいもを加えてふたをし、いもがやわらかくなるまで約10分蒸し煮にする。こしょうをふって。

豚肉で、味つけ冷凍

ストックしておくといちばん便利なのが豚の薄切り肉でしょうか。スーパーでまとめ買いしたときは、迷わず味つけ冷凍に。味さえついていれば、調理のハードルはぐんと低くなります。買い物に行けない日でも冷凍庫にあれがあると思うと気持ちも楽になります。

豚薄切り肉の味つけ冷凍 しょうが焼き味

男性の好きなおかずの上位にランキングされる料理といえば、豚のしょうが焼き。ふだんの作りおきにも重宝しますが、離れて暮らす家族や親世代の作りおきにもおすすめの味つけ冷凍です。

材料(1パック・約2人分)
豚薄切り肉(ロース) 200g
しょうが焼き味の調味料
　しょうゆ　大さじ1⅓
　酒　大さじ1
　しょうが(すりおろし)　大さじ1
　砂糖　大さじ½
　にんにく(すりおろし)　小さじ1
　片栗粉　小さじ½

作り方
① 4ページを参照して、ジッパーつきポリ袋に、しょうが焼き味の調味料を入れて袋ごとよくもみ混ぜ、豚肉を入れて袋ごとよくもんで味をなじませ、平らにして口を閉じる。
② 5ページを参照して冷凍する。

とんかつ用など厚みのある豚肉を使う場合は、3等分ほどのそぎ切りにして。

 保存期間は冷凍庫で約1か月。平らな状態にすると、冷凍する際も解凍も早い。

フライパンで焼く

ポリ袋から出して、凍ったままをフライパンに入れてOK。焼いている間に解けるので、箸で肉をはがしながらひっくり返します。

豚のしょうが焼き

味つけ冷凍のいいところは、
解凍しなくても、
それほど時間もかからずきれいに焼けること。
生の冷凍肉ではこうはいきません。

材料（2人分）
豚薄切り肉の味つけ冷凍しょうが焼き味
　▶page32　1パック
水菜　100g
ミニトマト　6個
油　大さじ½

作り方
① 水菜は3cm幅に切り、ミニトマトは四つ割りにする。
② フライパンに油を熱し、豚薄切り肉味つけ冷凍を入れ、中火で焼く。解けてきたところから箸でほぐし、焼き色がついたらひっくり返し、両面をこんがりと焼く。
③ 器に①、②を盛る。

蒸し煮にする

凍っているので、豚薄切り肉も手で割れます。包丁いらず。

ごぼうと豚肉の炒め煮

切った野菜の上に、
凍ったままの肉を割ってのせ、
ふたをして蒸し煮に。
ごぼうに肉のだしがしみ込んでおいしい！

材料（2人分）
豚薄切り肉の味つけ冷凍しょうが焼き味
　▶page32　1パック
ごぼう　½本
にんじん　½本
ごま油　大さじ½

作り方
① ごぼうは表面をこすって洗い、大きめのささがきにする。にんじんは皮をむいて同様に切る。豚薄切り肉味つけ冷凍は、袋ごと軽く折り曲げて肉を適当な大きさに割る。
② フライパンに油を熱し、①の野菜を入れ、①の肉をさらに一口大にちぎってのせ、ふたをして約10分蒸し煮にする。
③ 肉が解けたらふたをはずして炒め合わせ、全体に味をなじませる。

長芋と豚肉のレンジ蒸し

長芋に味つけ冷凍をのせてレンジで加熱するだけ。
味つけ冷凍はレンジ調理に強いです。

材料（2人分）
豚薄切り肉の味つけ冷凍しょうが焼き味 ▶page32　1パック
長芋　10cm長さ
万能ねぎ（斜め薄切り）　2本分

作り方
① 長芋は表面をよく洗い、皮つきのまま1cm厚さの輪切りにする。
② 耐熱皿に①の長芋を並べ、豚薄切り肉味つけ冷凍をのせ、ラップをして電子レンジ600Wで8分加熱する。
③ 仕上げに万能ねぎをのせ、混ぜてから食べる。

長芋の上に、味つけ冷凍を凍ったまま切らずにかぶせるようにのせてOK。

豚丼

しょうが焼きのアレンジバージョンです。
焼いたお肉をご飯にのせ、目玉焼きをトッピング。

材料（2人分）
豚薄切り肉の味つけ冷凍しょうが焼き味 ▶page32　1パック
キャベツ　150g
卵　2個
ご飯　茶碗2杯分
油　小さじ1½
紅しょうが　少々

作り方
① キャベツはせん切りにする。フライパンに油小さじ½を熱し、卵を割り入れて目玉焼きを作って取り出す。
② フライパンに油小さじ1を熱し、豚薄切り肉味つけ冷凍を入れ、中火で焼く。焼けてきたところから箸でほぐし、焼き色がついたらひっくり返し、両面をこんがりと焼く。
③ どんぶりにご飯、キャベツ、肉を順に盛り、目玉焼きをのせ、紅しょうがを添える。

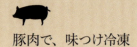
豚肉で、味つけ冷凍

豚薄切り肉の味つけ冷凍 ポークケチャップ味

ケチャップと玉ねぎをベースにした甘酸っぱい味、
洋食屋さんのポークソテーやナポリタン風の味つけです。
子どもに人気があるので、子育て中のママには強い味方になるはず！

材料（1パック・約2人分）
豚薄切り肉（ロース）　200g
ポークケチャップ味の調味料
　トマトケチャップ　大さじ2
　玉ねぎ（すりおろし）　大さじ2
　しょうゆ　大さじ1
　酒　大さじ1
　砂糖　小さじ1

作り方
① 4ページを参照して、ジッパーつきポリ袋に、ポークケチャップ味の調味料を入れて袋ごとよくもみ混ぜ、豚肉を入れて袋ごとよくもんで味をなじませ、平らにして口を閉じる。
② 5ページを参照して冷凍する。

 保存期間は冷凍庫で約1か月。平らな状態にすると、冷凍する際も解凍も早い。

フライパンで焼く

チーズは肉を両面焼いてから、仕上げにのせます。

豚肉のチーズグラタン風

蒸焼きにした味つけ冷凍の上に
チーズをのせて。
とろりととけたところをいただきます。

材料（2人分）
豚薄切り肉の味つけ冷凍
ポークケチャップ味
　▶page36　1パック
ピザ用チーズ　60g
豆苗　1パック
油　小さじ1

作り方
① 豆苗は根元を落とし、長さを半分に切り、耐熱皿にのせてラップをし、電子レンジ600Wで2分加熱する。器に盛っておく。
② 豚薄切り肉味つけ冷凍は半分（肉の繊維にそって）に切り、油を熱したフライパンに入れ、ふたをして強めの中火で蒸焼きにする。肉が解けて片面に焼き色がついたら、ひっくり返してさらに3分ほど焼く。
③ ピザ用チーズをのせ、ふたをして中火で、チーズがとけるまで蒸焼きにする。①の豆苗にのせる。

炒めて煮る

味つけ冷凍の豚肉は、凍ったままちぎって鍋の中へ。なすは油と相性がいいので、焦げ目がつくまで油で炒めてから鍋に投入。

ラタトゥイユ風煮物

材料をすべて鍋で煮ればでき上がり。
肉も凍ったままでOKですが、
なすはあらかじめ炒めて
焼き色をつけたほうがおいしくできます。

材料（2人分）
豚薄切り肉の味つけ冷凍
ポークケチャップ味
　▶page36　1パック
ズッキーニ　1本
なす　2本
油　大さじ2
水　大さじ2
ドライハーブ（オレガノ、タイムなど）
　少々

作り方
① ズッキーニ、なすはそれぞれ1.5cm角に切る。豚薄切り肉味つけ冷凍は、袋ごと軽く折り曲げて肉を適当な大きさに割る。
② 鍋に油を熱して①のなすを入れ、中火で焼き色がつくまで炒め、取り出す。
③ あいた鍋に①のズッキーニと肉、②のなすの順に入れ、分量の水を入れ、ふたをして中火で7〜8分蒸焼きにする。
④ 肉が解けてほぐれてきたら全体を混ぜ、ドライハーブを加えてふたをし、さらに10分、野菜がくたっとするまで蒸し煮にする。

スパゲッティ・ナポリタン

ポークケチャップ味の王道メニュー。
いつもよりワンランク上のおいしさが味わえます。

材料（2人分）
豚薄切り肉の味つけ冷凍ポークケチャップ味
　▶page36　1パック
スパゲッティ　160g
ピーマン　4個
マッシュルーム（缶詰）　小1缶（50g）
油　小さじ1
バター　大さじ1
塩　適量

作り方
① 鍋にたっぷりの湯を沸かして塩を加え（湯1.6ℓに塩大さじ1の割合）、スパゲッティを入れて袋の表示時間より1分短くゆでる。
② ピーマンはへたと種を除いて1cm幅に切る。豚薄切り肉味つけ冷凍は、袋ごと軽く折り曲げて肉を適当な大きさに割る。
③ フライパンに油を熱して②の肉を入れ、強めの中火で焼く。焼き色がついて解けてきたらひっくり返し、反対側も焼く。
④ ピーマン、マッシュルームを加え、肉をほぐしながら炒め合わせる。バター、①のスパゲッティの湯をきって加え、炒め合わせる。

アスパラ、きのこ、豚肉のケチャップ炒め

冷蔵庫にある野菜と一緒に。
炒めておいしい野菜なら何でもけっこうです。

材料（2人分）
豚薄切り肉の味つけ冷凍ポークケチャップ味
　▶page36　1パック
アスパラガス　1束
しめじ　1パック
油　大さじ½

作り方
① アスパラガスは根元のかたい部分は皮をむき、2cm幅の斜め切りにする。しめじは根元を落とし、小房に分ける。豚薄切り肉味つけ冷凍は、袋ごと軽く折り曲げて肉を適当な大きさに割る。
② フライパンに油を熱して①の肉を入れ、強めの中火で焼く。焼き色がついて解けてきたら、ひっくり返して反対側も焼く。
③ ①の野菜を加え、肉もほぐしながら全体に炒め合わせる。

野菜は肉に火が通ってから加えて。

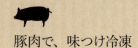
豚肉で、味つけ冷凍

豚とんかつ用肉の味つけ冷凍 みそヨーグルト味

まろやかでこくのある和風の味つけです。
みそだけでは肉がかたくなりがちなので、ヨーグルトを加えてあります。
乳酸菌の力で驚くほどやわらかくなります。

材料(1パック・約2人分)
豚とんかつ用肉(ロース)　200g
みそヨーグルト味の調味料
　みそ　大さじ2
　ヨーグルト(無糖)　大さじ2
　しょうが(すりおろし)　大さじ½
　酒　大さじ½

作り方
① 豚とんかつ用肉は3〜4等分のそぎ切りにする。
② 4ページを参照して、ジッパーつきポリ袋に、みそヨーグルト味の調味料を入れて袋ごとよくもみ混ぜ、①の豚肉を入れて袋ごとよくもんで味をなじませ、平らにして口を閉じる。
③ 5ページを参照して冷凍する。

 保存期間は冷凍庫で約1か月。平らな状態にすると、冷凍する際も解凍も早い。

みそ味一口とんかつ

味つけ冷凍すると、肉がやわらかく、揚げてもぱさつきません。
味がついているのでお弁当に最適です。

材料（2人分）
豚とんかつ用肉の味つけ冷凍みそヨーグルト味
　▶page40　1パック
小麦粉　適量
水溶き小麦粉
　（小麦粉、水各大さじ2を混ぜたもの）
パン粉　適量
揚げ油　適量
きゅうり　2本
紫玉ねぎ　1/4個

作り方
① 豚とんかつ用肉味つけ冷凍は、袋のまま流水にあてて表面を解かし、袋ごと軽くもんで、1切れずつにほぐす。きゅうりはたたいて一口大に割る。紫玉ねぎは薄切りにする。
② ①の肉に小麦粉、水溶き小麦粉、パン粉を順につける。
③ 揚げ油を中温（170℃）に熱し、②を入れて7〜8分かけてゆっくり揚げる。器に①の野菜とともに盛る。

解凍不要。凍ったまま衣をつけて、揚げるだけ。

根菜たっぷり豚みそスープ

豚汁ですが、ヨーグルトが入っているので、
普通のものよりまろやかでほんのりミルキー。

材料（2人分）
豚とんかつ用肉の味つけ冷凍みそヨーグルト味
　▶page40　1パック
大根　3cm長さ
にんじん　1/3本
蓮根　1/3節
里芋　1個
さやいんげん　10本
水　2カップ
七味とうがらし　少々

野菜が下、味つけ冷凍は凍ったまま上にのせて、水を加えて煮るだけ。

作り方
① 豚とんかつ用肉味つけ冷凍は、袋のまま流水にあてて表面を解かし、袋ごと軽くもんで、1切れずつにほぐす。大根、にんじん、蓮根はそれぞれ皮をむいて7〜8mm厚さのいちょう切りにする。里芋は皮をむいて1cm厚さに切る。いんげんは長さを3等分に切る。
② 鍋に①の大根、にんじん、蓮根、里芋、肉の順に入れ、分量の水を注ぎ、ふたをして強火にかける。煮立ったらアクを除き、中火で10〜15分ほど煮る。
③ いんげんを加えてさらに2〜3分煮て器に盛り、七味とうがらしをふる。

焼いて煮る

肉が片面焼けたら、野菜をのせて。水を加えず野菜の水分だけで煮ます。

トマトとキャベツ、豚肉の蒸し煮

みそ味はトマトとの相性もいいので洋風にもアレンジできます。野菜たっぷり、汁が多めの煮物です。

材料（2人分）
豚とんかつ用肉の味つけ冷凍みそヨーグルト味
　▶page40　1パック
トマト　2個
キャベツ　300g
油　小さじ1
パセリ（みじん切り）　少々

作り方
① 豚とんかつ用肉味つけ冷凍は、袋のまま流水にあてて表面を解かし、袋ごと軽くもんで、1切れずつにほぐす。トマトはくし形切りに、キャベツはざく切りにする。
② フライパンに油を熱し、①の肉を入れて強めの中火で焼き、焼き色がついたらひっくり返す。
③ ②に①のトマト、キャベツを順にのせ、ふたをして中火で約10分蒸し煮にする。野菜がしんなりしたら全体を混ぜ、器に盛ってパセリをふる。

牛肉で、味つけ冷凍

ここでは人気の焼き肉味、韓国風、洋風をご紹介します。肉はいちばん応用範囲が広い切落し肉を使っていますが、焼き肉用のカルビやロースなどでも同様にできます。ステーキ用の厚い肉の場合は、そぎ切りにしてから味つけ冷凍してください。

牛切落し肉の味つけ冷凍 焼き肉味

しょうゆベースの焼き肉だれの味つけです。にんにくの量はお好みで加減してください。
しっかり味がつくので、アウトドアのバーベキューにもおすすめの味つけ冷凍です。

材料（1パック・約2人分）
牛切落し肉　200g
焼き肉味の調味料
　しょうゆ　大さじ1½
　白すりごま　大さじ1
　砂糖　大さじ1
　酒　大さじ1
　ごま油　大さじ½
　にんにく（すりおろし）　小さじ1
　片栗粉　小さじ½

作り方
① 4ページを参照して、ジッパーつきポリ袋に、焼き肉味の調味料を入れて袋ごとよくもみ混ぜ、牛肉を入れて袋ごとよくもんで味をなじませ、平らにして口を閉じる。
② 5ページを参照して冷凍する。

 保存は冷凍庫で約1か月。平らな状態にすると、冷凍する際も解凍も早い。

電子レンジで

耐熱皿に凍ったままの味つけ冷凍をのせ、上にてんこ盛りのきのこ。レンジにかけるだけ。

きのこと牛肉のレンジ蒸し

野菜と一緒に合わせて
レンジでチンするだけ。
5分でできて野菜もたっぷりとれます。

材料（2人分）
牛切落し肉の味つけ冷凍焼き肉味
　▶page43　1パック
生しいたけ　4枚
ヤングコーン　6本
しめじ　1袋
えごままたは青じそ　5枚

作り方
① しいたけは石づきを除いて薄切りにする。ヤングコーンは斜め2等分に切る。しめじは根元を落として小房に分ける。牛切落し肉味つけ冷凍は、袋ごと軽く折り曲げて肉を適当な大きさに割る。
② 耐熱容器に①の肉を広げて並べ、しいたけ、ヤングコーン、しめじをのせ、ラップをして電子レンジ600Wで6分加熱する。
③ 全体をよく混ぜて器に盛り、ちぎったえごまをのせる。

プルコギ

肉と調味料のうまみを野菜と春雨が吸って、
お店で食べるような本格派のプルコギが家庭で簡単にできます。

材料（2人分）
牛切落し肉の味つけ冷凍焼き肉味 ▶page43　1パック
パプリカ（赤）　1個
玉ねぎ　½個
にら　1束
春雨（乾燥）　20g
水　大さじ3
粗びき赤とうがらし　少々

作り方
① パプリカは縦半分に切ってへたと種を除き、細切りにする。玉ねぎは5mm幅のくし形に、にらは5cm長さに切る。牛切落し肉味つけ冷凍は、袋ごと軽く折り曲げて肉を適当な大きさに割る。
② フライパンに①の肉を広げて並べて分量の水をふり、パプリカ、玉ねぎをのせ、ふたをして中火で蒸焼きにする。蒸気が上がって1分ほどしたら、ふたをはずし、春雨を加え、肉をほぐしながら全体を炒め合わせる。
③ 仕上げににらを加え、さらに炒めて、とうがらしをふる。

蒸焼きにして肉が解けたら、春雨（乾燥）を加えて。春雨は水でもどす必要はない。

牛肉とわかめのおかずスープ

牛肉入りの韓国風わかめスープです。
とにかく具だくさんなので、これ一つでおなかいっぱいに。

材料（2人分）
牛切落し肉の味つけ冷凍焼き肉味 ▶page43　1パック
わかめ（塩蔵）　20g
セロリ　1本
長ねぎ（粗みじん切り）　少々
水　2カップ
粗びき黒こしょう　少々

作り方
① わかめはたっぷりの水に5分ほど浸し、絞ってから一口大に切る。セロリは斜め薄切りにする。牛切落し肉味つけ冷凍は、袋ごと軽く折り曲げて肉を適当な大きさに割る。
② 鍋に①の肉、セロリを入れ、分量の水を入れて強火にかける。煮立ったらアクを除き、中火で7〜8分煮る。
③ 最後に①のわかめ、長ねぎを加えてさっと煮、器に盛って黒こしょうをふる。

蒸して焼く

味つけ冷凍は凍ったままフライパンに入れ、野菜、水でもどしたビーフンをのせ、蒸焼きに。

炒めビーフン

味つけ冷凍はしっかり味がついているので、余分な味つけいらず。めん料理も味がぴたっと決まります。

材料（2人分）
牛切落し肉の味つけ冷凍焼き肉味 ▶page43　1パック
ビーフン（乾燥）　150g
にんじん　1/3本
青梗菜　1株
水　1/4カップ

作り方
① ビーフンはたっぷりの水につけ、しんなりしたらざるに上げる。にんじんは皮をむいてせん切りに、青梗菜は5cm長さの細切りにする。牛切落し肉味つけ冷凍は、袋ごと折り曲げて肉を適当な大きさに割る。
② フライパンに①の肉を広げて並べ、にんじん、青梗菜、ビーフンを順にのせ、分量の水を注いでふたをし、強めの中火で蒸焼きにする。
③ 肉が解けたらよくほぐし、野菜やビーフンに味がからむよう、全体に炒め合わせる。

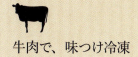

牛肉で、味つけ冷凍

牛切落し肉の味つけ冷凍 コチュジャン味

辛みを効かせた韓国風の味つけです。
チゲやビビンパなど、人気の韓国料理が失敗なく作れます。
もっと辛くしたい場合は、粉とうがらしを加えても。白いご飯が進むこと間違いなし！

材料（1パック・約2人分）
牛切落し肉　200g
コチュジャン味の調味料
　コチュジャン　大さじ1
　砂糖　大さじ1
　酒　大さじ1
　しょうが（すりおろし）　大さじ1
　みそ　大さじ½
　しょうゆ　大さじ½
　にんにく（すりおろし）　小さじ1

作り方
① 4ページを参照して、ジッパーつきポリ袋に、コチュジャン味の調味料を入れて袋ごとよくもみ混ぜ、牛肉を入れて袋ごとよくもんで味をなじませ、平らにして口を閉じる。
② 5ページを参照して冷凍する。

 保存期間は冷凍庫で約1か月。平らな状態にすると、冷凍する際も解凍も早い。

ピビンパ

味つけ冷凍はフライパンで炒めて。
野菜は電子レンジで加熱して、合わせてご飯にのっければ完成！

材料（2人分）
牛切落し肉の味つけ冷凍コチュジャン味
　▶page47　1パック
にんじん　½本
絹さや　15枚
A　ごま油　小さじ1
　　塩　少々
ご飯　茶碗2杯分
韓国のり　適量

作り方
① にんじんは皮をむいてせん切り、絹さやは筋を除いてせん切りにし、耐熱ボウルに入れ、電子レンジ600Wで3分加熱する。出た水気をしっかりきり、Aであえる。
② フライパンに牛切落し肉味つけ冷凍を入れ、強めの中火にかける。焼き色がついたらひっくり返し、ほぐしながらよく炒めて火を通す。
③ 器にご飯を盛り、①、②をのせ、のりをちぎってのせる。

豆腐と牛肉のチゲ

味つけ冷凍で作ると、汁物にいいだしが出て
いつもより本格派の味わいに。好みでキムチを入れても。

材料（2人分）
牛切落し肉の味つけ冷凍コチュジャン味
　▶page47　1パック
絹ごし豆腐　½丁
もやし　½袋
春菊　½袋
水　2½カップ

作り方
① 春菊は長さを2～3等分に切る。
② 鍋に牛切落し肉味つけ冷凍、分量の水を入れて強火にかけ、煮立ったら肉をほぐし、アクを除く。
③ 豆腐をお玉ですくって②に加え、もやしも入れ、3分ほど煮る。仕上げに①の春菊を加え、さっと煮て火を止める。

アクが出るので、野菜や豆腐を加える前にしっかり除くのが、おいしく仕上げるコツ。

なすと牛肉の炒め物

冷蔵庫にある野菜でさっとできる韓国風炒め物。
なすのほかに、ズッキーニ、かぼちゃなどでも同様にできます。

材料（2人分）
牛切落し肉の味つけ冷凍コチュジャン味
　▶page47　1パック
なす　4本
玉ねぎ　1/2個
油　適量
サラダ菜　適量

作り方
① なすは乱切りにする。玉ねぎは1cm幅のくし形に切る。
② フライパンに油を5mm深さに入れて熱し、なすを入れて揚焼きにする。こんがりと焼き色がついたらバットに取り出す。
③ ②のフライパンの余分な油を除き、牛切落し肉味つけ冷凍を入れ、玉ねぎをのせ、ふたをして強めの中火で約5分蒸焼きにする。肉が解けて焼き色がついたらひっくり返し、ほぐしながらよく炒める。
④ ③に②のなすを加え、炒め合わせる。器に盛ってサラダ菜を添える。

なすはめんどうでも、多めの油で焼いてから、肉に火が通ったところで戻し入れて。

牛肉のピカタ

ピカタとは卵をつけて焼いた料理のこと。少し濃いめの味つけなので、レタスなど生野菜で巻いて食べるとちょうどいいです。

材料（2人分）
牛切落し肉の味つけ冷凍コチュジャン味
　▶page47　1パック
小麦粉　適量
とき卵　適量
万能ねぎ（斜め薄切り）　1本分
油　大さじ1
レタス、青じそなど　適量

作り方
① 牛切落し肉味つけ冷凍は、袋のまま流水にあてて表面を解かし、取り出して約4cm角に切り、両面に小麦粉、とき卵を順にしっかりとつける。
② フライパンに油を熱し、①の肉を並べ入れ、3分ほど焼く。肉が解けてまわりが焼けてきたら万能ねぎをのせ、ひっくり返す。さらに3分ほど焼いて火を通す。
③ 器に盛り、レタスや青じそを添える。

小麦粉をまぶしてから卵をつけると、卵液が全体によくからむ。

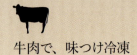
牛肉で、味つけ冷凍

牛切落し肉の味つけ冷凍 赤ワイン味

ワインと玉ねぎを使った洋風料理に向く味つけです。
安い肉でも赤ワインにつけて冷凍すると、やわらかくなり、
風味も増してワンランク上の味わいになります。

材料（1パック・約2人分）
牛切落し肉　200g
赤ワイン味の調味料
　赤ワイン　大さじ1
　玉ねぎ（すりおろし）　大さじ1
　塩　小さじ¾
　粗びき黒こしょう　少々

作り方
① 4ページを参照して、ジッパーつきポリ袋に、赤ワイン味の調味料を入れて袋ごとよくもみ混ぜ、牛肉を入れて袋ごとよくもんで味をなじませ、平らにして口を閉じる。
② 5ページを参照して冷凍する。

 保存期間は冷凍庫で約1か月。平らな状態にすると、冷凍する際も解凍も早い。

フライパンで焼く

味つけ冷凍を袋から出して凍ったまま焼きます。生焼けにならないよう、しっかり火を通して。

牛肉のガーリック薄切りステーキ

味つけ冷凍を凍ったまま入れ、ほぐさずに一枚肉のようにして焼くと、切落しでもステーキのようになります！

材料（2人分）
牛切落し肉の味つけ冷凍赤ワイン味 ▶page50　1パック
にんにく（薄切り）　1かけ分
オリーブ油　大さじ½
ルッコラ　1袋

作り方
① フライパンにオリーブ油、にんにくを入れて弱火にかけ、にんにくが薄茶色になったら取り出す。
② ①のフライパンに牛切落し肉味つけ冷凍を入れて強めの中火で焼く。焼き色がついたらひっくり返し、中火で両面こんがりと焼く。
③ 器に②を半分に切って盛り、①のにんにくを散らし、ルッコラを添える。

アスパラ、コーン、牛肉の炒め物

洋風の炒め物です。ご飯にも合いますが、ゆでたてパスタとからめてもおいしい。

材料（2人分）
牛切落し肉の味つけ冷凍赤ワイン味
　▶page50　1パック
アスパラガス　1束
コーン（缶詰）　½カップ
油　大さじ½

作り方
① 牛切落し肉味つけ冷凍は、袋ごと軽く折り曲げて肉を適当な大きさに割る。アスパラガスは根元のかたい部分はピーラーで皮をむき、4cm長さに切る。
② フライパンに油を熱し、①の肉を入れて強めの中火で焼く。焼き色がついたらひっくり返し、ほぐしながら火を通す。
③ ①のアスパラガス、コーンを加え、アスパラガスに火が通るまで炒め合わせる。

焼いて煮る

かぼちゃに焼き目をつけてから凍ったままの肉を加えて蒸し煮に。かぼちゃがほくほくに仕上がります。

牛肉とかぼちゃ、トマトの洋風煮

ラタトゥイユのような野菜たっぷりの煮物。なす、オクラ、玉ねぎなどでも。

材料（2人分）
牛切落し肉の味つけ冷凍赤ワイン味
　▶page50　1パック
かぼちゃ　⅙個
トマト　1個
油　大さじ½

作り方
① かぼちゃはくし形に切る。トマトは8等分のくし形に切る。牛切落し肉味つけ冷凍は、袋ごと軽く折り曲げて肉を適当な大きさに割る。
② フライパンに油を熱し、①のかぼちゃを入れて中火で焼く。こんがりと焼き色がついたら、①の肉、トマトを加え、ふたをして約10分、途中でときどき混ぜながら、蒸し煮にする。

切り身魚で、味つけ冷凍

魚料理のレパートリーがなかなか広がらないという人には味つけ冷凍をおすすめします。いつもの焼き魚も味つけを変えていろいろ楽しむことができ、しかも長期冷凍保存が可能といいことずくめ。ここではたら、鮭、さばでご紹介しますが、どんな魚でも応用できます。

切り身魚の味つけ冷凍 白ワインハーブ味

魚の味つけ冷凍でもっともおすすめなのが、たらで「白ワインハーブ味」。
生のたらは水っぽいのですが、味つけ冷凍にすると身が適度にしまり、味も濃縮。
調理の幅がぐんと広がります。

材料(1パック・約2人分)
たら(生)　2切れ(約200g)
白ワインハーブ味の調味料
　玉ねぎ(すりおろし)　大さじ2
　白ワイン　大さじ1
　ドライバジル　小さじ1
　塩　小さじ¾

作り方
① 切り身魚(ここではたら)は2〜3等分のそぎ切りにする。
② 4ページを参照して、ジッパーつきポリ袋に、白ワインハーブ味の調味料を入れて袋ごとよくもみ混ぜ、①の魚を入れて袋ごとよくもんで味をなじませる。平ら(袋の半分ほどの大きさ)にして口を閉じる。
③ 5ページを参照して冷凍する。

 保存期間は冷凍庫で約1か月。平らな状態にすると、冷凍する際も解凍も早い。

魚とトマトのスープ

トマトはすりおろして煮るので、あっという間です。
p.64の冷凍トマトを使えば、買い物に行けない日のメニューの強い味方に。

<small>魚は凍ったまま加えると、味つけ冷凍の魚だしでスープにこくが出ます。</small>

煮る

材料（2人分）
切り身魚の味つけ冷凍白ワインハーブ味 ▶page53　1パック
トマト　2個
セロリ　½本
にんにく　1かけ
バター　大さじ1
水　⅓カップ

作り方
① 切り身魚味つけ冷凍は、袋のまま流水にあてて表面を解かし、袋ごと軽くもんで、1切れずつにほぐす。トマトは皮つきのまますりおろす。セロリ、にんにくはみじん切りにする。
② 鍋にバターをとかし、セロリ、にんにくを入れて弱火で炒める。しんなりしたら①のトマト、分量の水、魚の順に入れ、強火にし、煮立ったら弱火で15分煮る。

COLUMN
流水をかけて表面を解かす方法

p.8〜19の鶏肉や、p.53〜63の切り身魚などは、調理の前に袋のまま流水にあてて表面を解かすと、1切れずつにほぐせます。
夏の気温が高い場合は流水、
冬の気温が低い場合はぬるま湯にあてるといいでしょう。
表面が解ければいいので、中は凍った状態でOK。
完全に解凍する必要はありません。

カリフラワーとたらのチーズグラタン

たらとカリフラワーはフランス料理では定番の、
相性のいい組合せ。おもてなしにも使える一品です。

材料（2人分）
切り身魚の味つけ冷凍白ワインハーブ味 ▶page53　1パック
カリフラワー　200g
粉チーズ　大さじ3
パン粉　大さじ1

作り方
① カリフラワーは小房に分けて厚みを半分に切る。切り身魚味つけ冷凍は、袋のまま流水にあてて表面を解かし、袋ごと軽くもんで、1切れずつにほぐす。
② 耐熱皿に①のカリフラワー、魚の順に入れ、粉チーズ、パン粉をふる。
③ オーブンを220℃に熱し、②を入れて15～20分焼く。

たらは凍ったままのせると、たらから出るだしがカリフラワーのいい調味料になって、適度な塩加減に焼き上がる。

たらとじゃがいもの煮物

材料を入れて煮るだけ。味つけ冷凍の調味料とたらのだしだけで
不思議なくらいおいしくなります！

材料（2人分）
切り身魚の味つけ冷凍白ワインハーブ味 ▶page53　1パック
じゃがいも　2個
にんにく（みじん切り）　1かけ分
オリーブ油　大さじ½
水　½カップ

作り方
① じゃがいもは皮をむいて6等分ほどに切る。切り身魚味つけ冷凍は、袋のまま流水にあてて表面を解かし、袋ごと軽くもんで、1切れずつにほぐす。
② フライパンに油、にんにくを入れて弱火で炒め、香りが出たら、①のじゃがいも、たらの順に重ねて入れ、分量の水を入れてふたをし、中火で10～15分蒸し煮にする。
③ 火が通ったら全体をざっくりと混ぜる。

煮る場合は野菜、味つけ冷凍の順にのせると、魚のだしが野菜全体によくしみる。

切り身魚で、味つけ冷凍

切り身魚の味つけ冷凍 粕みそ味

粕みそ漬けの冷凍版です。冷蔵庫で作りおきする人も多いと思いますが、冷凍のほうが短時間でよく味がしみ、長期保存できます。酒粕のおかげで身がやわらかくなります。

材料（1パック・約2人分）
鮭（生） 2切れ（約200g）
粕みそ味の調味料
　酒粕（練りタイプ） 大さじ1½
　みそ 大さじ1½
　酒 大さじ½
　みりん 大さじ½

作り方
① 切り身魚（ここでは鮭）は2〜3等分のそぎ切りにする。
② 4ページを参照して、ジッパーつきポリ袋に、粕みそ味の調味料を入れて袋ごとよくもみ混ぜ、①の魚を入れて袋ごとよくもんで味をなじませる。平ら（袋の半分ほどの大きさ）にして口を閉じる。
③ 5ページを参照して冷凍する。

魚の切り身は3等分ほどのそぎ切りにすると、解凍せずに調理でき、火の通りが早い。

魚を漬け込むときのコツ。スケッパーなどで、ポリ袋の口から底に向かって軽くこすって、調味料を底に集め、魚がしっかりつかっている状態にする。

 保存期間は冷凍庫で約1か月。平らな状態にすると、冷凍する際も解凍も早い。

鮭チャーハン
▶page58

キャベツと玉ねぎと
魚のバター蒸し煮
▶page59

魚と根菜の粕みそ汁
▶page58

野菜たっぷり
魚のソテー
▶page59

鮭チャーハン

味つけ冷凍があれば
チャーハンの味つけも基本は不要。
炒めるだけで味が決まります。

材料（2人分）
切り身魚の味つけ冷凍粕みそ味
　▶page56　1パック
長ねぎ　1/3本
生しいたけ　4枚
ピーマン　2個
とき卵　1個分
温かいご飯　茶碗2杯分
油　適量

作り方
① 切り身魚味つけ冷凍は、袋のまま流水にあてて表面を解かし、袋ごと軽くもんで、1切れずつにほぐす。長ねぎはみじん切りにする。しいたけは石づきを除き、ピーマンはへたと種を除いて、それぞれみじん切りにする。
② フライパンに油大さじ1/2を熱してとき卵を入れ、中火で大きく混ぜて、半熟状になったら取り出す。
③ フライパンに油大さじ1/2を足し、①の魚を入れて焼く。解けて焼き色がついたら、ひっくり返してさらに焼きながら身をほぐす。
④ ③に①の長ねぎ、しいたけ、ピーマンを加えて炒め、香りが出たらご飯を加えて炒める。②の卵を戻し入れ、全体にばらっとするまで炒め合わせる。味をみて足りなければ、好みで塩、こしょうをふっても。

味つけ冷凍をまず焼きながら解凍し、ほぐす。

煮る

汁物の場合は、野菜の上に味つけ冷凍をのせて煮ると、調味料が全体に行き渡りやすい。

魚と根菜の粕みそ汁

味つけ冷凍と野菜を水で煮るだけで、
あっという間に粕みそ汁が完成。
具だくさんで大満足のおかずスープです。

材料（2人分）
切り身魚の味つけ冷凍粕みそ味
　▶page56　1パック
里芋　2個
にんじん　1/3本
ごぼう　1/3本
水　2カップ
万能ねぎ（1cm幅に切る）　2本分

作り方
① 切り身魚味つけ冷凍は、袋のまま流水にあてて表面を解かし、袋ごと軽くもんで、1切れずつにほぐす。
② 里芋は皮をむいて一口大に切る。にんじんは皮をむいて7～8mm厚さの輪切りにする。ごぼうは表面を洗って斜め薄切りにする。
③ 鍋に②の野菜を入れ、切り身魚味つけ冷凍をのせ、分量の水を注いで強火にかける。煮立ったらアクを除き、弱めの中火で約10分煮る。
④ 器に盛り、万能ねぎを散らす。

蒸して煮る

玉ねぎを敷いた上に魚をのせ、ほかの野菜をかぶせて蒸すと、野菜の甘みで魚のうまみがアップ。

キャベツと玉ねぎと魚のバター蒸し煮

フライパンに
野菜と味つけ冷凍を重ねて蒸すだけ。
キャベツや玉ねぎの甘みと、
粕みそのやさしい味がよく合います。

材料（2人分）
切り身魚の味つけ冷凍粕みそ味
　▶page56　1パック
キャベツ　200g
玉ねぎ　½個
しめじ　1パック
水　大さじ2
バター　10g
粗びき黒こしょう　少々

作り方
① キャベツは4cm角に切る。玉ねぎは1cm厚さの半月切りに、しめじは根元を落として小房に分ける。切り身魚味つけ冷凍は、袋のまま流水にあてて表面を解かし、袋ごと軽くもんで、1切れずつにほぐす。
② フライパンに①の玉ねぎ、魚、しめじ、キャベツの順に重ねて入れ、分量の水を回し入れ、バターをのせ、ふたをして強めの中火にかける。蒸気が出てから7〜8分、水気がほとんどなくなるまで蒸し煮にする。仕上げに粗びき黒こしょうをふって。

野菜たっぷり魚のソテー

味つけ冷凍なら魚も凍ったままで焼けます。
皮目から入れてじっくりと火を通しましょう。
焦げやすいので火加減に注意。

材料（2人分）
切り身魚の味つけ冷凍粕みそ味
　▶page56　1パック
まいたけ　1パック
スナップえんどう　12本
ミニトマト　6個
オリーブ油　小さじ1

作り方
① まいたけは根元を落としてほぐす。スナップえんどうは筋を除く。切り身魚味つけ冷凍は、袋のまま流水にあてて表面を解かし、袋ごと軽くもんで、1切れずつにほぐす。
② フライパンに油を熱し、①の魚を皮目から入れて中火で焼く。魚が解けて焼き色がついたら、ひっくり返してさらに焼く。フライパンのあいている部分に①の野菜を入れて一緒に焼く。
③ 魚に火が通ったら器に盛り、②の野菜、ミニトマトも添える。フライパンに残った汁をかける。

凍ったままフライパンに並べて。まわりについている調味料は、調理とともに解け、自然に煮つまり、ソースとして利用できる。

切り身魚で、味つけ冷凍

切り身魚の味つけ冷凍 エスニック味

ピリ辛でほんのり甘酸っぱいエスニックの味つけですが、
白いご飯に合うので、ふだんのおかずに大活躍するはず。
ナンプラーも使って少々くせがあるので、さばなどの青魚が特におすすめです。

材料(1パック・約2人分)
さば(生)　1枚(約200g)
エスニック味の調味料
　ナンプラー　大さじ1
　レモン汁　大さじ½
　白ワイン　大さじ½
　砂糖　小さじ1
　にんにく(みじん切り)　小さじ1
　赤とうがらし(小口切り)　1本分

作り方
① 切り身魚(ここではさば)は二つにそぎ切りにする。
② 4ページを参照して、ジッパーつきポリ袋に、エスニック味の調味料を入れて袋ごとよくもみ混ぜ、①の魚を入れて袋ごとよくもんで味をなじませる。平ら(袋の半分ほどの大きさ)にして口を閉じる。
③ 5ページを参照して冷凍する。

 保存期間は冷凍庫で約1か月。平らな状態にすると、冷凍する際も解凍も早い。

魚のエスニックソテー
▶page62

さばの
エスニックから揚げ
▶page63

タイ風のっけご飯
▶page62

もやしと魚の炒め物
▶page63

フライパンで焼く

熱したフライパンに凍ったまま入れてOK。入れるときは皮目から。

魚のエスニックソテー

いつもはさばの塩焼きでも、味つけ冷凍で目先がぐんと変わります。つけ合せに野菜を一緒に焼けるのもうれしい。

材料（2人分）
切り身魚の味つけ冷凍エスニック味
　▶page60　1パック
パプリカ（赤）　1個
ズッキーニ　1本
油　大さじ½

作り方
① パプリカはへたと種を除いて1cm幅に切る。ズッキーニは縦4等分に割って長さを3等分に切る。切り身魚味つけ冷凍は、袋のまま流水にあてて表面を解かし、袋ごと軽くもんで、1切れずつにほぐす。
② フライパンに油を熱し、①の魚を皮目から入れて中火で焼く。魚が解けて焼き色がついたら、ひっくり返してさらに焼く。フライパンのあいている部分に①の野菜を入れて、一緒に焼く。魚と野菜がこんがり焼けたら器に盛る。

中火でじっくり焼き、皮目に焼き色がつき、身のまわりが白く焼けて解けてきたら、ひっくり返して。

タイ風のっけご飯

魚のエスニックソテーのアレンジ版。ご飯にのせてサラダ野菜と盛り合わせ、カフェ風ワンディッシュメニューに。

材料（2人分）
切り身魚の味つけ冷凍エスニック味
　▶page60　1パック
バジル　8枚
ベビーリーフ　1パック
しょうが（せん切り）　1かけ分
ピーナッツ（砕く）　大さじ2
ご飯　茶碗2杯分
油　大さじ1

作り方
① 切り身魚味つけ冷凍は、袋のまま流水にあてて表面を解かし、袋ごと軽くもんで、1切れずつにほぐす。
② フライパンに油を熱し、バジルを入れてパリッとするまで揚焼きにし、取り出す。
③ ②のフライパンに①の魚を皮目から入れて中火で焼く。魚が解けて焼き色がついたら、ひっくり返してさらに焼く。
④ 器にご飯、③、ベビーリーフを盛り合わせ、しょうが、ピーナッツを散らし、②をのせる。

さばの
エスニックから揚げ

ビールのつまみにもご飯にも。
味がしっかりついているのでお弁当にも。
かなり使える魚のおかずです。

材料(2人分)
切り身魚の味つけ冷凍エスニック味
　▶page60　1パック
小麦粉　適量
揚げ油　適量
香菜　適量
レモン(くし形切り)　適量

作り方
① 切り身魚味つけ冷凍は、袋のまま流水にあてて表面を解かし、袋ごと軽くもんで、1切れずつにほぐす。大きめの一口大に切る。
② ①の魚の水気をペーパータオルでふき、小麦粉をしっかりまぶす。
③ フライパンに揚げ油を深さ2cmほど入れて中温(170℃)に熱し、②を入れて3～4分かけてこんがりと揚げる。器に盛り、香菜、レモンを添える。

揚げる

味つけ冷凍は流水で半解凍くらいにすると、粉もしっかりつきます。凍ったまま揚げても、魚は火の通りがいいので、中温でこんがり焼き色がつくくらいに揚げればOK。

もやしと魚の炒め物

魚を凍ったまま焼いて、
野菜と炒め合わせます。もやしのほか、
ピーマン、きのこ、キャベツ、にらなどでも。

材料(2人分)
切り身魚の味つけ冷凍エスニック味
　▶page60　1パック
もやし　1袋
油　大さじ½
万能ねぎ(3cm幅に切る)　5本分

作り方
① 切り身魚味つけ冷凍は、袋のまま流水にあてて表面を解かし、袋ごと軽くもんで、1切れずつにほぐす。大きめの一口大に切る。
② フライパンに油を熱し、①の魚を皮目から入れて中火で焼く。魚が解けて焼き色がついたら、ひっくり返してさらに焼く。
③ ②にもやしを加えて3～4分炒め合わせる。器に盛り、万能ねぎを散らす。

「切るだけそのまま冷凍」でストックできる！

野菜やフルーツは生のまま冷凍すると簡単で、
便利に活用できます。
冷凍する際は、すべて、ジッパーつきポリ袋に入れます。
平らにならし、空気を抜きながら口を閉じ、
バットなどにのせて平らにして冷凍します。

作り方 ▶ page66・67

いちご
丸のまま冷凍。

長芋
すりおろして、とろろにして冷凍。

かぼちゃ
角切りにして冷凍。甘みが増す。

トマト
丸のまま冷凍。

蓮根
皮をむいて薄切りにして冷凍。

にんじん
スライサーでせん切りにして冷凍。

パプリカ
細切りにして冷凍。

ごぼう
ささがきにして冷凍。

里芋
皮をむいて切って冷凍。

きのこ
ほぐして冷凍。

バナナ
皮をむいて切って冷凍。

明太子
切って冷凍。

レモン
半分に切って冷凍。

キャベツ
せん切りにし、塩をふって冷凍。

ソーセージ
皮に穴をあけてから冷凍。

万能ねぎ
刻んで冷凍。

油揚げ
刻んで冷凍。

さしみ（かつお）
しょうゆに漬けて冷凍。

パセリ
丸のまま冷凍、凍ったらほぐす。

あさり、しじみ
そのまま冷凍。

しょうが
丸のまま冷凍。

わさび
丸のまま冷凍。

長芋

冷凍方法
皮をむいてすりおろす。

調理活用法
袋ごと軽く折り曲げ、必要な分のみ中身を割り、取り出す。加熱調理の場合は凍ったまま。非加熱調理の場合は自然解凍して。凍ったまま汁物に入れたり、うどんやそばのトッピング、お好み焼きの生地に入れるなど。

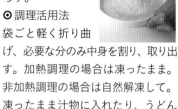

かぼちゃ

冷凍方法
わたと種を除き、2〜3cmの角切りにする。

調理活用法
袋ごと軽く折り曲げ、必要な分のみ中身を割り、取り出す。凍ったまま調理可。
スープ(かぼちゃのココナッツスープ ▶page68)、煮物などに。

トマト

冷凍方法
へたを除き、丸のまま冷凍。

調理活用法
必要な個数を取り出す。凍ったまま調理可。ただし加熱調理のみで、自然解凍の生食は不可。
トマトのサルサ風スープサラダ(▶page69)、煮物(トマトとキャベツ、豚肉の蒸し煮 ▶page42)、牛肉とかぼちゃ、トマトの洋風煮 ▶page52)、スープ(魚とトマトのスープ ▶page54)、スムージー(野菜とバナナのスムージー ▶page69)などに。

蓮根

冷凍方法
3〜4mm厚さのいちょう切りにし、色が変わらないよう、薄い酢水につけてから水気をふく。

調理活用法
袋ごと軽く折り曲げ、必要な分のみ中身を割り、取り出す。凍ったまま調理可。
スープ(蓮根のスープ ▶page68、根菜たっぷり豚みそスープ ▶page41)、筑前煮などの和風の根菜の煮物、衣をつけててんぷらやフライなどに。

にんじん

冷凍方法
皮をむいて、スライサーでせん切りにする。

調理活用法
袋ごと軽く折り曲げ、必要な分のみ中身を割り、取り出す。凍ったまま調理可。
きんぴら(▶page68)、サラダ(レンジで加熱後、好みのドレッシングであえる)、ピビンパ(▶page48)、炒めビーフン(▶page46)などに。

パプリカ

冷凍方法
縦半分に切ってへたと種を除き、縦に7mm幅ほどに切る。どの色のパプリカでも冷凍可能。

調理活用法
袋ごと軽く折り曲げ、必要な分のみ中身を割り、取り出す。凍ったまま調理可。
スムージー(野菜とバナナのスムージー ▶page69)、炒め物(プルコギ ▶page45)、肉料理のつけ合せ(角切りハンバーグ ▶page29)などに。

ごぼう

冷凍方法
たわしなどでこすってよく洗い、ささがきに。色が変わらないよう、水にさらしてから水気をしっかりきる。

調理活用法
袋ごと軽く折り曲げ、必要な分のみ中身を割り、取り出す。凍ったまま調理可。
きんぴら(▶page68)、煮物(ごぼうと豚肉の炒め煮 ▶page34)のほか、かき揚げなどに。

里芋

冷凍方法
皮をむき、2〜3等分に切る。

調理活用法
必要な分だけの個数を取り出す。凍ったまま調理可。
煮物(里芋とひき肉の煮っころがし ▶page68、里芋とひき肉の中国風煮 ▶page26)、スープ(根菜たっぷり豚みそスープ ▶page41、魚と根菜の粕みそ汁 ▶page57)などに。

いちご

冷凍方法
へたを除いて、丸のまま冷凍。

調理活用法
必要な個数を取り出す。凍ったまま調理可。
スムージーやお菓子の材料に。

きのこ

冷凍方法
根元を切り落とし、小房にほぐして冷凍。写真はしめじ、しいたけ、ほかにえのきだけ、まいたけなどでも。しいたけの場合は石づきを除き、薄切りにして。

調理活用法
袋ごと軽く折り曲げ、必要な分のみ中身を割り、取り出す。凍ったまま調理可。
煮物(きのこの当座煮 ▶page69)、蒸し物(きのこと牛肉のレンジ蒸し ▶page44)、炒め物などに。

バナナ
冷凍方法
皮をむいて1cm幅ほどの輪切りにする。
調理活用法
必要な分だけを取り出し、凍ったまま調理可。
スムージー（野菜とバナナのスムージー ▶page69）のほか、お菓子（バナナブレッドなど）に。

キャベツ
冷凍方法
せん切りにし、重量に対して2％の塩をふり、しんなりしたら軽く水気を絞る。
調理活用法
袋ごと軽く折り曲げ、必要な分のみ中身を割り、取り出す。凍ったまま調理可。
煮物（キャベツとソーセージのさっと煮 ▶page69）、スープやみそ汁の具材、ギョウザの具材にも。

油揚げ
冷凍方法
3cm長さの細切りにする。
調理活用法
袋ごと軽く折り曲げ、必要な分のみ中身を割り、取り出す。凍ったまま調理可。
みそ汁、煮物の具材に。だしで軽く煮て卵とじに。

あさり、しじみ
冷凍方法
しっかり砂出しをし、水気をきって冷凍。貝は冷凍するとうまみがぐんと増す。
調理活用法
必要な分だけを取り出し、凍ったまま調理可。
ボンゴレスパゲッティ、あさりの蒸し煮、みそ汁の具材、しじみのスープなどに。

明太子
冷凍方法
輪切りにし、切り口を上にして1腹ずつラップで包む。ラップに包んだままジッパーつきポリ袋に入れて。たらこも同様に可。
調理活用法
1腹分ずつ取り出す。凍ったまま調理可。そのまま食べる場合は、自然解凍。
明太子スパゲッティ（バターと明太子を室温でやわらかくして混ぜ、ゆでたてパスタにあえる）、ご飯のトッピング（自然解凍して）に。

ソーセージ
冷凍方法
冷凍して皮が破裂しないよう、つま楊枝で数か所さしてから冷凍。
調理活用法
必要な分だけを取り出し、凍ったまま調理可。
煮物（キャベツとソーセージのさっと煮 ▶page69）、炒め物、ポトフーの具材に。

さしみ（かつお）
冷凍方法
かつおのさしみ200gに、しょうゆ小さじ2、しょうが（すりおろし）小さじ1、みりん小さじ½を混ぜて冷凍。
調理活用法
自然解凍して漬けのさしみで食べる。または凍ったままフライパンで焼いて食べる。

しょうが
冷凍方法
皮つきの丸のまま冷凍。
調理活用法
凍ったまますりおろして、おろししょうがとして利用。

レモン
冷凍方法
横半分に切って冷凍。
調理活用法
レモンのしぼり汁として利用。凍ったままレモン果汁をしぼると、生でしぼるより多くの果汁がとれる。

万能ねぎ
冷凍方法
小口切りにしてから、ペーパータオルで水気を軽くふいて冷凍。
調理活用法
万能ねぎの小口切りとして、料理のトッピングや仕上げの彩りに利用。

パセリ
冷凍方法
よく洗って水気をふいて冷凍。完全に凍ったら袋ごとよくもんで、パセリをバラバラにほぐし、みじん切りの状態にする。
調理活用法
パセリのみじん切りとして、料理のトッピングや仕上げの彩りに。

わさび
冷凍方法
皮つきの丸のまま冷凍。
調理活用法
凍ったまますりおろして、おろしわさびとして利用。チューブわさびに比べて自然な辛み、フレッシュな香りで、さしみの薬味に、ステーキに添えたり、ドレッシングやたれの調味になど、応用範囲は広くおすすめ。

冷凍蓮根 ▶page64 ✗
豚薄切り肉の味つけ冷凍しょうが焼き味
▶page32

蓮根のスープ
作り方 ▶page70

冷凍かぼちゃ ▶page64 ✗
鶏もも肉の味つけ冷凍タンドリー味
▶page12

かぼちゃのココナッツスープ
作り方 ▶page70

きんぴら
作り方 ▶page70

里芋とひき肉の煮っころがし
作り方 ▶page70

冷凍ごぼう ▶page64 ✗
冷凍にんじん ▶page64

冷凍里芋 ▶page64 ✗
豚ひき肉の味つけ冷凍酒塩味 ▶page20

冷凍トマト ▶page64

冷凍バナナ ▶page65 ✖
冷凍パプリカ ✖ 冷凍トマト ▶page64

トマトのサルサ風スープサラダ
作り方 ▶page70

きのこの当座煮
作り方 ▶page70

野菜とバナナのスムージー
作り方 ▶page71

キャベツとソーセージのさっと煮
作り方 ▶page71

冷凍きのこ ▶page64

冷凍キャベツ ▶page65 ✖
冷凍ソーセージ ▶page65

冷凍蓮根 ✕ 豚薄切り肉の味つけ冷凍しょうが焼き味
蓮根のスープ

材料（2人分）
冷凍蓮根 ▶page64　150g
豚薄切り肉の味つけ冷凍しょうが焼き味
　▶page32　1/2パック
水　2カップ
一味とうがらし　少々

作り方
① 豚薄切り肉味つけ冷凍は、袋ごと軽く折り曲げて肉を適当な大きさに割る。
② 鍋に冷凍蓮根、①、分量の水を入れて強火にかけ、煮立ったら肉をほぐし、中火で10〜15分煮る。
③ 器に盛って、とうがらしをふる。

冷凍かぼちゃ ✕ 鶏もも肉の味つけ冷凍タンドリー味
かぼちゃのココナッツスープ

材料（2人分）
冷凍かぼちゃ ▶page64　200g
ココナッツミルク　1カップ
鶏もも肉の味つけ冷凍タンドリー味
　▶page12　1/2パック
水　1カップ
香菜　適量

作り方
① 鍋に香菜以外の材料を入れて強火にかける。煮立ったら弱火にして15分煮る。味をみて足りなければ好みで塩を足す。
② 器に盛り、香菜を添える。

冷凍トマト
トマトのサルサ風スープサラダ

材料（2人分）
冷凍トマト ▶page64　2個
紫玉ねぎ　1/4個
ピーマン　1個
A 白ワインビネガー　小さじ1
　はちみつ　小さじ1
　タバスコ　小さじ1/2
　塩　小さじ1/3

作り方
① 冷凍トマトは耐熱ボウルに入れ、ラップをせずに電子レンジ600Wで3分加熱する。
② 紫玉ねぎはみじん切りにする。ピーマンはへたと種を除いてみじん切りにする。
③ ①をフォークなどで粗くつぶし、②、Aを加えてよくかき混ぜる。

冷凍ごぼう ✕ 冷凍にんじん
きんぴら

材料（2人分）
冷凍ごぼう ▶page64　50g
冷凍にんじん ▶page64　20g
ごま油　小さじ1/2
A しょうゆ　小さじ1
　酒　小さじ1
　砂糖　小さじ1
白いりごま　少々

作り方
① フライパンにごま油を熱し、冷凍ごぼうを入れて中火で炒める。しんなりしたら冷凍にんじんを加えてさらにしんなりするまで炒める。
② ①にAを加えて、汁気がなくなるまで炒め合わせる。器に盛り、白ごまをふる。

冷凍里芋 ✕ 豚ひき肉の味つけ冷凍酒塩味
里芋とひき肉の煮っころがし

材料（2人分）
冷凍里芋 ▶page64　200g
豚ひき肉の味つけ冷凍酒塩味
　▶page20　1/2パック
水　1/2カップ

作り方
① 豚ひき肉味つけ冷凍は、袋ごと軽く折り曲げて肉を適当な大きさに割る。
② 鍋に冷凍里芋、①、分量の水を入れて強火にかけ、煮立ったら肉をよくほぐし、弱めの中火にしてふたをして煮る。ときどき混ぜながら、汁気がほとんどなくなるまで煮る。

冷凍きのこ
きのこの当座煮

材料（2人分）
冷凍きのこ ▶page64　150g
A 酒　大さじ1
　しょうゆ　大さじ1/2
　みりん　小さじ1
　砂糖　小さじ1
　赤とうがらし（小口切り）　少々

作り方
鍋に冷凍きのこ、Aを入れて中火にかけ、ときどき混ぜながら、きのこがしんなりして水気がほとんどなくなるまで煮る。

冷凍バナナ✖冷凍パプリカ✖冷凍トマト

野菜とバナナのスムージー

材料（2人分）
冷凍バナナ ▶page65 100g
冷凍パプリカ ▶page64 50g
冷凍トマト ▶page64 1個
豆乳 1カップ
水 ½カップ

作り方
ミキサーにすべての材料を入れて回し、なめらかな状態にする。グラスに注ぐ。

冷凍キャベツ✖冷凍ソーセージ

キャベツとソーセージのさっと煮

材料（2人分）
冷凍キャベツ ▶page65 150g
冷凍ソーセージ ▶page65 4本
白ワイン 大さじ2
水 ½カップ
粒マスタード 小さじ2

作り方
① 鍋にすべての材料を入れて強火にかける。煮立ったら弱火にしてふたをし、約5分煮る。
② 器に盛り、鍋に残った汁も注ぐ。

味つけ冷凍・素材(肉や魚) × 味つけの相性表

この本で紹介している味つけ冷凍は、どんな素材と味つけを組み合わせてもおいしいですが、特によく合う組合せを表にしてみました。

	鶏むね肉	鶏もも肉	鶏手羽先	豚ひき肉	合いびき肉	豚薄切り肉	豚とんかつ用肉	牛切落し肉	たらの切り身	鮭の切り身	さばの切り身
コンソメ味	✓	✓	✓	✓	✓	✓	✓	✓	✓	✓	
タンドリー味	✓	✓	✓	✓	✓	✓	✓				✓
照焼き味	✓	✓	✓			✓	✓	✓		✓	
酒塩味	✓	✓	✓			✓	✓		✓	✓	✓
麻婆味				✓	✓						✓
ハンバーグ味				✓	✓			✓			
しょうが焼き味				✓		✓	✓			✓	
ポークケチャップ味	✓	✓				✓	✓				
みそヨーグルト味	✓	✓	✓			✓	✓			✓	✓
焼き肉味						✓		✓			
コチュジャン味	✓	✓	✓			✓	✓	✓			✓
赤ワイン味				✓	✓	✓	✓	✓			
白ワインハーブ味	✓	✓	✓						✓	✓	✓
粕みそ味	✓	✓				✓				✓	
エスニック味	✓	✓	✓	✓	✓	✓			✓	✓	✓

藤井 恵　ふじい・めぐみ
料理研究家、管理栄養士。テレビ、雑誌、書籍などで幅広く活躍。二人の娘の子育てを通して、家族と暮しから生まれたセンスあふれるレシピにファンが多い。最近では、健康・美容をテーマにした料理も好評で活動の場を広げている。著書に『藤井 恵 わたしの家庭料理』(オレンジページ)、『もっと！やせつまみ100』(主婦と生活社)、『シニアのための健康ひとり分ごはん』(マイナビ)、『卵、牛乳、砂糖なし　お菓子じゃないパウンドケーキ』(文化出版局)など多数。

ブックデザイン　若山嘉代子　若山美樹　L'espace
撮影　吉田篤史
スタイリング　来住昌美
校閲　山脇節子
編集　杉山伸子　浅井香織（文化出版局）

「味つけ冷凍」の作りおき

発　行　2015年8月30日　第1刷
　　　　2020年8月24日　第10刷
著　者　藤井 恵
発行者　濱田勝宏
発行所　学校法人文化学園 文化出版局
　　　　〒151-8524　東京都渋谷区代々木3-22-1
　　　　電話03-3299-2565（編集）　03-3299-2540（営業）
印刷・製本所　凸版印刷株式会社

©Fujii Office　2015　Printed in Japan
本書の写真、カット及び内容の無断転載を禁じます。

本書のコピー、スキャン、デジタル化等の無断複製は
著作権法上での例外を除き、禁じられています。
本書を代行業者等の第三者に依頼してスキャンやデジタル化することは、
たとえ個人や家庭内での利用でも著作権法違反になります。

文化出版局のホームページ　http://books.bunka.ac.jp/